普通高等院校“十三五”规划教材
“互联网 +”融媒体系列教材

U0780985

会计综合模拟实验（商业篇）专用账簿

孔令一　主编

学　　院：________________

专　　业：________________

学　　号：________________

姓　　名：________________

启用日期：________________

立信会计出版社
LIXIN ACCOUNTING PUBLISHING HOUSE

图书在版编目(CIP)数据

会计综合模拟实验(商业篇)专用账簿 / 孔令一主编. —上海：立信会计出版社，2021.3
ISBN 978-7-5429-6772-5

Ⅰ. ①会… Ⅱ. ①孔… Ⅲ. ①会计账簿 Ⅳ. ①F231.4

中国版本图书馆 CIP 数据核字(2021)第 046128 号

策划编辑 郭 光
责任编辑 郭 光
封面设计 南房间

会计综合模拟实验(商业篇)专用账簿

Kuaiji Zonghe Moni Shiyan Shangyepian Zhuanyong Zhangbu

出版发行 立信会计出版社
地 址 上海市中山西路 2230 号 邮政编码 200235
电 话 (021)64411389 传 真 (021)64411325
网 址 www.lixinaph.com 电子邮箱 lixinaph2019@126.com
网上书店 http://lixin.jd.com http://lxkjcbs.tmall.com
经 销 各地新华书店

印 刷 上海天地海设计印刷有限公司
开 本 787 毫米×1092 毫米 1/16
印 张 12.75
字 数 293 千字
版 次 2021 年 3 月第 1 版
印 次 2021 年 3 月第 1 次
印 数 1—2 100
书 号 ISBN 978-7-5429-6772-5/F
定 价 39.00 元

如有印订差错，请与本社联系调换

前　　言

会计综合模拟实验是学生学完所有会计专业理论课程之后开设的综合性实践课程，为进一步提高学生的综合职业能力和品德素养，同时也为学生到企业顶岗实习和从事实际会计工作奠定基础。在教学中，该实训课程教学相对于理论课程难度更高，其不仅仅要求学生掌握编制记账凭证、登记账簿、成本计算、编制财务报告等方法，还体现在培养学生将学到的会计理论知识与实际账务处理相结合的能力，要求学生做到学以致用。在此环节中，如何正确组织记账凭证和各类账簿，对于学生来说是一门全新的技能。为方便该课程的教学，编者根据企业会计工作的实际情况，编写了本账簿。

本账簿按照《会计综合模拟实验》课程教学的程序，重点介绍各程序中相关账簿的填制要求，主要程序包括建账、登记账簿启用及交接表、登记日记账及明细分类账、编制科目汇总表，根据科目汇总表登记总分类账、将总分类账与明细分类账进行核对、月末结账、编制财务报表并根据财务报表数据进行财务报表分析。本账簿与同系列教材《会计综合模拟实验（商业篇）》一书配套使用，也可以作为实训教材或会计技能大赛等的辅助教材。本账簿具有以下特点：

一、时效性

2019 年 5 月 10 日，财政部发布了《关于修订印发 2019 年度一般企业财务报表格式的通知》（财会【2019】6 号），对《资产负债表》中"应收票据""应收账款""其他应收款""持有待售资产""固定资产""在建工程"等项目进行了详细说明；对《利润表》中的"研发费用""财务费用"项目下的"其中：利息费用""利息收入""其他收益"等项目进行了调整和说明。本账簿中的财务报表格式均为最新格式。

二、创新性

本账簿采用集成的方式将各类账页合理地编排、创新地整合，适用于会计模拟做账，并根据课程特点，对各项目进行了优化，方便实训课程使用。一册在手，无需他求。

三、减轻教师负担

本账簿采用集成合订的方式，将各类账页合理编排、整合为一本，免去了各种账簿零星采购的繁琐工作，减轻了账簿采购部门的工作量和任课教师分发及收回实验资料的工作量。账簿采购部门除了采购本成册账簿外仅需再采购记账凭证及相应的封面、封底、包角纸以及档案袋即可。

四、环保节约

本账簿在排版上，对总分类账进行了调整，节省了纸张、利于环保，更重要的是减轻了学生的经济负担。

五、便于档案保管

实验结束后，收齐本账簿及记账凭证便构成会计综合模拟实验的成果资料，为教师批阅带来便利，使档案保管工作更加简便，解决了以往大量活页账簿给档案保管带来的困难。

由于本账簿采用订本式的装订方法，改变了活页账簿的装订形态，可能会给学生造成认知上的误解，需要教师在授课前予以说明。

本账簿由孔令一、李满林、孔祥敏、刘庆明、孙绳巧、谭作凤、刘燕、李建林等编写，得到了立信会计出版社郭光老师的大力支持，在此表示诚挚的谢意！

编者在编写过程中难免存在考虑不周、表达不妥当的地方，书中存在疏漏不足之处，敬请读者批评指正。

作　者

2021 年 3 月

导　　学

亲爱的读者朋友：

也许您是一位已经学完会计基本理论，在老师指导下即将开始毕业设计的在校学生；也许您是一位充满着对会计职业的热爱、自学了会计理论课程，已经做好准备将理论付诸于实践的社会人士；还有可能您是一位需要承担起家族企业财务大权重任的接班人，而急需补充财务知识。

当您翻开此书，意味着您即将开启会计从理论到实践的历程。为此，我们为您提供由孔令一老师主编的《会计综合模拟实验（商业篇）》的学生课程资源，具体包括财务报表答案、科目汇总表、财务报表分析数据、实验报告模板、修读指导与重难点解析等，助您顺利开启会计手工做账模式。

课程资源领取流程如下：

扫描下图二维码，关注“智信财会”公众号，在公众号对话栏回复关键字：“商业篇”，即可免费领取《会计综合模拟实验（商业篇）》的学生课程资源。您也可以加入 QQ 群（群号 731898728），与其他小伙伴一起交流实训中遇到的问题。

回复“商业篇”
获取本书学习资源

编　者

2021 年 2 月

目　　录

公司

总分类账

会计档案	自　年　月　日至　年　月　日止				
	册内共　　页(张)　　保管期限				
	全宗号	目录号		案卷号	

20　年度

总分类账账簿启用及交接表

单位名称		印鉴
账簿名称	（第 册）	
账簿编号		
账簿页数	本账簿共计 页（本账簿页数 检点人盖章 ）	
启用日期	公元 年 月 日	

经管人员	负责人		主办会计		复核		记账	
	姓名	盖章	姓名	盖章	姓名	盖章	姓名	盖章

接交记录	经管人员		接管				交出			
	职别	姓名	年	月	日	盖章	年	月	日	盖章

备注	

总分类账目录

编号	科　　目	起讫页码	编号	科　　目	起讫页码

总分类账目录

编号	科　　目	起讫页码	编号	科　　目	起讫页码

总分类账

会计科目 ………………………………

年		凭证号数	摘要	对账√	借方											贷方											借或贷	余额										
月	日				亿	千	百	十	万	千	百	十	元	角	分	亿	千	百	十	万	千	百	十	元	角	分		亿	千	百	十	万	千	百	十	元	角	分

总分类账

会计科目 ………………………………

年		凭证号数	摘要	对账√	借方											贷方											借或贷	余额										
月	日				亿	千	百	十	万	千	百	十	元	角	分	亿	千	百	十	万	千	百	十	元	角	分		亿	千	百	十	万	千	百	十	元	角	分

总分类账

会计科目 ……………………

年		凭证号数	摘要	对账√	借方											贷方											借或贷	余额										
月	日				亿	千	百	十	万	千	百	十	元	角	分	亿	千	百	十	万	千	百	十	元	角	分		亿	千	百	十	万	千	百	十	元	角	分

总分类账

会计科目 ……………………

年		凭证号数	摘要	对账√	借方											贷方											借或贷	余额										
月	日				亿	千	百	十	万	千	百	十	元	角	分	亿	千	百	十	万	千	百	十	元	角	分		亿	千	百	十	万	千	百	十	元	角	分

总分类账

会计科目 ....

年		凭证号数	摘要	对账√	借方											贷方											借或贷	余额										
月	日				亿	千	百	十	万	千	百	十	元	角	分	亿	千	百	十	万	千	百	十	元	角	分		亿	千	百	十	万	千	百	十	元	角	分

总分类账

会计科目 ....

年		凭证号数	摘要	对账√	借方											贷方											借或贷	余额										
月	日				亿	千	百	十	万	千	百	十	元	角	分	亿	千	百	十	万	千	百	十	元	角	分		亿	千	百	十	万	千	百	十	元	角	分

总分类账

会计科目 ....

年		凭证号数	摘要	对账√	借方											贷方											借或贷	余额										
月	日				亿	千	百	十	万	千	百	十	元	角	分	亿	千	百	十	万	千	百	十	元	角	分		亿	千	百	十	万	千	百	十	元	角	分

总分类账

会计科目 ....

年		凭证号数	摘要	对账√	借方											贷方											借或贷	余额										
月	日				亿	千	百	十	万	千	百	十	元	角	分	亿	千	百	十	万	千	百	十	元	角	分		亿	千	百	十	万	千	百	十	元	角	分

总分类账

会计科目 ....

年		凭证号数	摘要	对账√	借方											贷方											借或贷	余额										
月	日				亿	千	百	十	万	千	百	十	元	角	分	亿	千	百	十	万	千	百	十	元	角	分		亿	千	百	十	万	千	百	十	元	角	分

总分类账

会计科目 ....

年		凭证号数	摘要	对账√	借方											贷方											借或贷	余额										
月	日				亿	千	百	十	万	千	百	十	元	角	分	亿	千	百	十	万	千	百	十	元	角	分		亿	千	百	十	万	千	百	十	元	角	分

总分类账

会计科目 ……………………………………

年		凭证号数	摘要	对账√	借方											贷方											借或贷	余额										
月	日				亿	千	百	十	万	千	百	十	元	角	分	亿	千	百	十	万	千	百	十	元	角	分		亿	千	百	十	万	千	百	十	元	角	分

总分类账

会计科目 ……………………………………

年		凭证号数	摘要	对账√	借方											贷方											借或贷	余额										
月	日				亿	千	百	十	万	千	百	十	元	角	分	亿	千	百	十	万	千	百	十	元	角	分		亿	千	百	十	万	千	百	十	元	角	分

总分类账

会计科目 ……………………………

年		凭证号数	摘要	对账√	借方											贷方											借或贷	余额										
月	日				亿	千	百	十	万	千	百	十	元	角	分	亿	千	百	十	万	千	百	十	元	角	分		亿	千	百	十	万	千	百	十	元	角	分

总分类账

会计科目 ……………………………

年		凭证号数	摘要	对账√	借方											贷方											借或贷	余额										
月	日				亿	千	百	十	万	千	百	十	元	角	分	亿	千	百	十	万	千	百	十	元	角	分		亿	千	百	十	万	千	百	十	元	角	分

总分类账

会计科目 ....

年		凭证号数	摘要	对账√	借方											贷方											借或贷	余额										
月	日				亿	千	百	十	万	千	百	十	元	角	分	亿	千	百	十	万	千	百	十	元	角	分		亿	千	百	十	万	千	百	十	元	角	分

总分类账

会计科目 ....

年		凭证号数	摘要	对账√	借方											贷方											借或贷	余额										
月	日				亿	千	百	十	万	千	百	十	元	角	分	亿	千	百	十	万	千	百	十	元	角	分		亿	千	百	十	万	千	百	十	元	角	分

总分类账

会计科目 ....

年		凭证号数	摘要	对账√	借方											贷方											借或贷	余额										
月	日				亿	千	百	十	万	千	百	十	元	角	分	亿	千	百	十	万	千	百	十	元	角	分		亿	千	百	十	万	千	百	十	元	角	分

总分类账

会计科目 ....

年		凭证号数	摘要	对账√	借方											贷方											借或贷	余额										
月	日				亿	千	百	十	万	千	百	十	元	角	分	亿	千	百	十	万	千	百	十	元	角	分		亿	千	百	十	万	千	百	十	元	角	分

总分类账

会计科目 ....

年		凭证号数	摘要	对账√	借方											贷方											借或贷	余额										
月	日				亿	千	百	十	万	千	百	十	元	角	分	亿	千	百	十	万	千	百	十	元	角	分		亿	千	百	十	万	千	百	十	元	角	分

总分类账

会计科目 ....

年		凭证号数	摘要	对账√	借方											贷方											借或贷	余额										
月	日				亿	千	百	十	万	千	百	十	元	角	分	亿	千	百	十	万	千	百	十	元	角	分		亿	千	百	十	万	千	百	十	元	角	分

总分类账

会计科目 ……………………

年		凭证号数	摘要	对账√	借方											贷方											借或贷	余额										
月	日				亿	千	百	十	万	千	百	十	元	角	分	亿	千	百	十	万	千	百	十	元	角	分		亿	千	百	十	万	千	百	十	元	角	分

总分类账

会计科目 ……………………

年		凭证号数	摘要	对账√	借方											贷方											借或贷	余额										
月	日				亿	千	百	十	万	千	百	十	元	角	分	亿	千	百	十	万	千	百	十	元	角	分		亿	千	百	十	万	千	百	十	元	角	分

总分类账

会计科目 ……………………………

年		凭证号数	摘要	对账√	借方											贷方											借或贷	余额										
月	日				亿	千	百	十	万	千	百	十	元	角	分	亿	千	百	十	万	千	百	十	元	角	分		亿	千	百	十	万	千	百	十	元	角	分

总分类账

会计科目 ……………………………

年		凭证号数	摘要	对账√	借方											贷方											借或贷	余额										
月	日				亿	千	百	十	万	千	百	十	元	角	分	亿	千	百	十	万	千	百	十	元	角	分		亿	千	百	十	万	千	百	十	元	角	分

总分类账

会计科目 ....

年		凭证号数	摘要	对账√	借方											贷方											借或贷	余额										
月	日				亿	千	百	十	万	千	百	十	元	角	分	亿	千	百	十	万	千	百	十	元	角	分		亿	千	百	十	万	千	百	十	元	角	分

总分类账

会计科目 ....

年		凭证号数	摘要	对账√	借方											贷方											借或贷	余额										
月	日				亿	千	百	十	万	千	百	十	元	角	分	亿	千	百	十	万	千	百	十	元	角	分		亿	千	百	十	万	千	百	十	元	角	分

总分类账

会计科目 ....

年		凭证号数	摘要	对账√	借方											贷方											借或贷	余额										
月	日				亿	千	百	十	万	千	百	十	元	角	分	亿	千	百	十	万	千	百	十	元	角	分		亿	千	百	十	万	千	百	十	元	角	分

总分类账

会计科目 ....

年		凭证号数	摘要	对账√	借方											贷方											借或贷	余额										
月	日				亿	千	百	十	万	千	百	十	元	角	分	亿	千	百	十	万	千	百	十	元	角	分		亿	千	百	十	万	千	百	十	元	角	分

总分类账

会计科目 ....

年		凭证号数	摘要	对账√	借方											贷方											借或贷	余额										
月	日				亿	千	百	十	万	千	百	十	元	角	分	亿	千	百	十	万	千	百	十	元	角	分		亿	千	百	十	万	千	百	十	元	角	分

总分类账

会计科目 ....

年		凭证号数	摘要	对账√	借方											贷方											借或贷	余额										
月	日				亿	千	百	十	万	千	百	十	元	角	分	亿	千	百	十	万	千	百	十	元	角	分		亿	千	百	十	万	千	百	十	元	角	分

总分类账

会计科目 ....

年		凭证号数	摘要	对账√	借方											贷方											借或贷	余额										
月	日				亿	千	百	十	万	千	百	十	元	角	分	亿	千	百	十	万	千	百	十	元	角	分		亿	千	百	十	万	千	百	十	元	角	分

总分类账

会计科目 ....

年		凭证号数	摘要	对账√	借方											贷方											借或贷	余额										
月	日				亿	千	百	十	万	千	百	十	元	角	分	亿	千	百	十	万	千	百	十	元	角	分		亿	千	百	十	万	千	百	十	元	角	分

总分类账

会计科目……………………

年		凭证号数	摘要	对账√	借方											贷方											借或贷	余额										
月	日				亿	千	百	十	万	千	百	十	元	角	分	亿	千	百	十	万	千	百	十	元	角	分		亿	千	百	十	万	千	百	十	元	角	分

总分类账

会计科目……………………

年		凭证号数	摘要	对账√	借方											贷方											借或贷	余额										
月	日				亿	千	百	十	万	千	百	十	元	角	分	亿	千	百	十	万	千	百	十	元	角	分		亿	千	百	十	万	千	百	十	元	角	分

总分类账

会计科目 ....

年		凭证号数	摘要	对账√	借方											贷方											借或贷	余额										
月	日				亿	千	百	十	万	千	百	十	元	角	分	亿	千	百	十	万	千	百	十	元	角	分		亿	千	百	十	万	千	百	十	元	角	分

总分类账

会计科目 ....

年		凭证号数	摘要	对账√	借方											贷方											借或贷	余额										
月	日				亿	千	百	十	万	千	百	十	元	角	分	亿	千	百	十	万	千	百	十	元	角	分		亿	千	百	十	万	千	百	十	元	角	分

总分类账

会计科目 ……………………

年		凭证号数	摘要	对账√	借方											贷方											借或贷	余额										
月	日				亿	千	百	十	万	千	百	十	元	角	分	亿	千	百	十	万	千	百	十	元	角	分		亿	千	百	十	万	千	百	十	元	角	分

总分类账

会计科目 ……………………

年		凭证号数	摘要	对账√	借方											贷方											借或贷	余额										
月	日				亿	千	百	十	万	千	百	十	元	角	分	亿	千	百	十	万	千	百	十	元	角	分		亿	千	百	十	万	千	百	十	元	角	分

总分类账

会计科目 ....

年		凭证号数	摘要	对账√	借方											贷方											借或贷	余额										
月	日				亿	千	百	十	万	千	百	十	元	角	分	亿	千	百	十	万	千	百	十	元	角	分		亿	千	百	十	万	千	百	十	元	角	分

总分类账

会计科目 ....

年		凭证号数	摘要	对账√	借方											贷方											借或贷	余额										
月	日				亿	千	百	十	万	千	百	十	元	角	分	亿	千	百	十	万	千	百	十	元	角	分		亿	千	百	十	万	千	百	十	元	角	分

总分类账

会计科目 ....

年		凭证号数	摘要	对账√	借方											贷方											借或贷	余额										
月	日				亿	千	百	十	万	千	百	十	元	角	分	亿	千	百	十	万	千	百	十	元	角	分		亿	千	百	十	万	千	百	十	元	角	分

总分类账

会计科目 ....

年		凭证号数	摘要	对账√	借方											贷方											借或贷	余额										
月	日				亿	千	百	十	万	千	百	十	元	角	分	亿	千	百	十	万	千	百	十	元	角	分		亿	千	百	十	万	千	百	十	元	角	分

总分类账

会计科目 ....

年		凭证号数	摘要	对账√	借方											贷方											借或贷	余额										
月	日				亿	千	百	十	万	千	百	十	元	角	分	亿	千	百	十	万	千	百	十	元	角	分		亿	千	百	十	万	千	百	十	元	角	分

总分类账

会计科目 ....

年		凭证号数	摘要	对账√	借方											贷方											借或贷	余额										
月	日				亿	千	百	十	万	千	百	十	元	角	分	亿	千	百	十	万	千	百	十	元	角	分		亿	千	百	十	万	千	百	十	元	角	分

总分类账

会计科目 ....

年		凭证号数	摘要	对账√	借方											贷方											借或贷	余额										
月	日				亿	千	百	十	万	千	百	十	元	角	分	亿	千	百	十	万	千	百	十	元	角	分		亿	千	百	十	万	千	百	十	元	角	分

总分类账

会计科目 ....

年		凭证号数	摘要	对账√	借方											贷方											借或贷	余额										
月	日				亿	千	百	十	万	千	百	十	元	角	分	亿	千	百	十	万	千	百	十	元	角	分		亿	千	百	十	万	千	百	十	元	角	分

总分类账

会计科目 ....

年		凭证号数	摘要	对账√	借方											贷方											借或贷	余额										
月	日				亿	千	百	十	万	千	百	十	元	角	分	亿	千	百	十	万	千	百	十	元	角	分		亿	千	百	十	万	千	百	十	元	角	分

总分类账

会计科目 ....

年		凭证号数	摘要	对账√	借方											贷方											借或贷	余额										
月	日				亿	千	百	十	万	千	百	十	元	角	分	亿	千	百	十	万	千	百	十	元	角	分		亿	千	百	十	万	千	百	十	元	角	分

总分类账

会计科目 ……………………

年		凭证号数	摘要	对账√	借方											贷方											借或贷	余额										
月	日				亿	千	百	十	万	千	百	十	元	角	分	亿	千	百	十	万	千	百	十	元	角	分		亿	千	百	十	万	千	百	十	元	角	分

总分类账

会计科目 ……………………

年		凭证号数	摘要	对账√	借方											贷方											借或贷	余额										
月	日				亿	千	百	十	万	千	百	十	元	角	分	亿	千	百	十	万	千	百	十	元	角	分		亿	千	百	十	万	千	百	十	元	角	分

总分类账

会计科目 ....

年		凭证号数	摘要	对账√	借方											贷方											借或贷	余额										
月	日				亿	千	百	十	万	千	百	十	元	角	分	亿	千	百	十	万	千	百	十	元	角	分		亿	千	百	十	万	千	百	十	元	角	分

总分类账

会计科目 ....

年		凭证号数	摘要	对账√	借方											贷方											借或贷	余额										
月	日				亿	千	百	十	万	千	百	十	元	角	分	亿	千	百	十	万	千	百	十	元	角	分		亿	千	百	十	万	千	百	十	元	角	分

总分类账

会计科目 ....

年		凭证号数	摘要	对账√	借方											贷方											借或贷	余额										
月	日				亿	千	百	十	万	千	百	十	元	角	分	亿	千	百	十	万	千	百	十	元	角	分		亿	千	百	十	万	千	百	十	元	角	分

总分类账

会计科目 ....

年		凭证号数	摘要	对账√	借方											贷方											借或贷	余额										
月	日				亿	千	百	十	万	千	百	十	元	角	分	亿	千	百	十	万	千	百	十	元	角	分		亿	千	百	十	万	千	百	十	元	角	分

总分类账

会计科目 ……………………………………

年		凭证号数	摘要	对账√	借方											贷方											借或贷	余额										
月	日				亿	千	百	十	万	千	百	十	元	角	分	亿	千	百	十	万	千	百	十	元	角	分		亿	千	百	十	万	千	百	十	元	角	分

总分类账

会计科目 ……………………………………

年		凭证号数	摘要	对账√	借方											贷方											借或贷	余额										
月	日				亿	千	百	十	万	千	百	十	元	角	分	亿	千	百	十	万	千	百	十	元	角	分		亿	千	百	十	万	千	百	十	元	角	分

总分类账

会计科目 ……………………

年		凭证号数	摘要	对账√	借方											贷方											借或贷	余额										
月	日				亿	千	百	十	万	千	百	十	元	角	分	亿	千	百	十	万	千	百	十	元	角	分		亿	千	百	十	万	千	百	十	元	角	分

总分类账

会计科目 ……………………

年		凭证号数	摘要	对账√	借方											贷方											借或贷	余额										
月	日				亿	千	百	十	万	千	百	十	元	角	分	亿	千	百	十	万	千	百	十	元	角	分		亿	千	百	十	万	千	百	十	元	角	分

______公司

日　　记　　账

（现金日记账、银行存款日记账）

<table>
<tr><td rowspan="3">会计档案</td><td colspan="5">自　　年　　月　　日至　　年　　月　　日止</td></tr>
<tr><td colspan="5">册内共　　　　页（张）　　　　保管期限</td></tr>
<tr><td>全宗号</td><td>目录号</td><td></td><td>案卷号</td><td></td></tr>
</table>

20______年度

日记账账簿启用及交接表

单位名称		印鉴
账簿名称	（第　　册）	
账簿编号		
账簿页数	本账簿共计　　页（本账簿页数 检点人盖章　　）	
启用日期	公元　　年　　月　　日	

经管人员	负责人		主办会计		复核		记账	
	姓名	盖章	姓名	盖章	姓名	盖章	姓名	盖章

接交记录	经管人员		接管				交出			
	职别	姓名	年	月	日	盖章	年	月	日	盖章

备注	

日记账账簿启用及交接表

单位名称		印　鉴
账簿名称	（第　册）	
账簿编号		
账簿页数	本账簿共计　页（本账簿页数 检点人盖章　）	
启用日期	公元　年　月　日	

经管人员	负责人		主办会计		复核		记账	
	姓名	盖章	姓名	盖章	姓名	盖章	姓名	盖章

接交记录	经管人员		接管				交出			
	职别	姓名	年	月	日	盖章	年	月	日	盖章

备注	

库存现金日记账

年		凭证号数	对方科目	摘要	√	收入(借方)金额										付出(贷方)金额										结余金额									
月	日					千	百	十	万	千	百	十	元	角	分	千	百	十	万	千	百	十	元	角	分	千	百	十	万	千	百	十	元	角	分

库存现金日记账

年		凭证号数	对方科目	摘要	√	收入(借方)金额										付出(贷方)金额										结余金额									
月	日					千	百	十	万	千	百	十	元	角	分	千	百	十	万	千	百	十	元	角	分	千	百	十	万	千	百	十	元	角	分

银行存款日记账

年		凭证号数	对方科目	摘要	√	收入(借方)金额										付出(贷方)金额										结余金额									
月	日					千	百	十	万	千	百	十	元	角	分	千	百	十	万	千	百	十	元	角	分	千	百	十	万	千	百	十	元	角	分

银行存款日记账

年		凭证号数	对方科目	摘要	√	收入(借方)金额										付出(贷方)金额										结余金额									
月	日					千	百	十	万	千	百	十	元	角	分	千	百	十	万	千	百	十	元	角	分	千	百	十	万	千	百	十	元	角	分

银行存款日记账

年		凭证号数	对方科目	摘要	√	收入(借方)金额										付出(贷方)金额										结余金额									
月	日					千	百	十	万	千	百	十	元	角	分	千	百	十	万	千	百	十	元	角	分	千	百	十	万	千	百	十	元	角	分

银行存款日记账

年		凭证号数	对方科目	摘要	√	收入(借方)金额										付出(贷方)金额										结余金额									
月	日					千	百	十	万	千	百	十	元	角	分	千	百	十	万	千	百	十	元	角	分	千	百	十	万	千	百	十	元	角	分

公司

明细分类账

<table>
<tr><td rowspan="3">会计档案</td><td colspan="4">自　　年　　月　　日至　　年　　月　　日止</td></tr>
<tr><td colspan="4">册内共　　　　页（张）　　　　保管期限</td></tr>
<tr><td>全宗号</td><td>目录号</td><td></td><td>案卷号</td></tr>
</table>

20　　年度

明细分类账账簿启用及交接表

单位名称		印鉴
账簿名称	（第　　册）	
账簿编号		
账簿页数	本账簿共计　　页（本账簿页数 检点人盖章　　）	
启用日期	公元　　年　　月　　日	

经管人员	负责人		主办会计		复核		记账	
	姓名	盖章	姓名	盖章	姓名	盖章	姓名	盖章

接交记录	经管人员		接管				交出			
	职别	姓名	年	月	日	盖章	年	月	日	盖章

备注	

三栏式明细分类账目录

编号	科　　　目	起讫页码	编号	科　　　目	起讫页码

三栏式明细分类账目录

编号	科　　目	起讫页码	编号	科　　目	起讫页码

明细分类账

…………级科目编号及名称…………………………

…………级科目编号及名称…………………………

年		凭证		摘要	对应科目	日页	借方											贷方											借或贷	余额										
月	日	种类	号数				千	百	十	万	千	百	十	元	角	分	√	千	百	十	万	千	百	十	元	角	分	√		千	百	十	万	千	百	十	元	角	分	√

明细分类账

……级科目编号及名称……

……级科目编号及名称……

年		凭证		摘要	对应科目	日页	借方											贷方											借或贷	余额										
月	日	种类	号数				千	百	十	万	千	百	十	元	角	分	√	千	百	十	万	千	百	十	元	角	分	√		千	百	十	万	千	百	十	元	角	分	√

明细分类账

..........级科目编号及名称..........

..........级科目编号及名称..........

年		凭证		摘要	对应科目	日页	借方											贷方											借或贷	余额										
月	日	种类	号数				千	百	十	万	千	百	十	元	角	分	√	千	百	十	万	千	百	十	元	角	分	√		千	百	十	万	千	百	十	元	角	分	√

明细分类账

……级科目编号及名称……

……级科目编号及名称……

年		凭证		摘要	对应科目	日页	借方											贷方											借或贷	余额										
月	日	种类	号数				千	百	十	万	千	百	十	元	角	分	√	千	百	十	万	千	百	十	元	角	分	√		千	百	十	万	千	百	十	元	角	分	√

明细分类账

………级科目编号及名称………………………………

………级科目编号及名称………………………………

年		凭证		摘要	对应科目	日页	借方											贷方											借或贷	余额										
月	日	种类	号数				千	百	十	万	千	百	十	元	角	分	√	千	百	十	万	千	百	十	元	角	分	√		千	百	十	万	千	百	十	元	角	分	√

明细分类账

………级科目编号及名称………

………级科目编号及名称………

年		凭证		摘要	对应科目	日页	借方											贷方											借或贷	余额										
月	日	种类	号数				千	百	十	万	千	百	十	元	角	分	√	千	百	十	万	千	百	十	元	角	分	√		千	百	十	万	千	百	十	元	角	分	√

明细分类账

……级科目编号及名称……

……级科目编号及名称……

年		凭证		摘要	对应科目	日页	借方											贷方											借或贷	余额										
月	日	种类	号数				千	百	十	万	千	百	十	元	角	分	√	千	百	十	万	千	百	十	元	角	分	√		千	百	十	万	千	百	十	元	角	分	√

明细分类账

……级科目编号及名称……

……级科目编号及名称……

年		凭证		摘要	对应科目	日页	借方											贷方											借或贷	余额										
月	日	种类	号数				千	百	十	万	千	百	十	元	角	分	√	千	百	十	万	千	百	十	元	角	分	√		千	百	十	万	千	百	十	元	角	分	√

明细分类账

……级科目编号及名称……

……级科目编号及名称……

年		凭证		摘要	对应科目	日页	借方											贷方											借或贷	余额										
月	日	种类	号数				千	百	十	万	千	百	十	元	角	分	√	千	百	十	万	千	百	十	元	角	分	√		千	百	十	万	千	百	十	元	角	分	√

明细分类账

…………级科目编号及名称……………………………………

…………级科目编号及名称……………………………………

年		凭证		摘要	对应科目	日页	借方											贷方											借或贷	余额										
月	日	种类	号数				千	百	十	万	千	百	十	元	角	分	√	千	百	十	万	千	百	十	元	角	分	√		千	百	十	万	千	百	十	元	角	分	√

明细分类账

……级科目编号及名称……

……级科目编号及名称……

年		凭证		摘要	对应科目	日页	借方											贷方											借或贷	余额										
月	日	种类	号数				千	百	十	万	千	百	十	元	角	分	√	千	百	十	万	千	百	十	元	角	分	√		千	百	十	万	千	百	十	元	角	分	√

明细分类账

…………级科目编号及名称…………………………

…………级科目编号及名称…………………………

年		凭证		摘要	对应科目	日页	借方											贷方											借或贷	余额										
月	日	种类	号数				千	百	十	万	千	百	十	元	角	分	√	千	百	十	万	千	百	十	元	角	分	√		千	百	十	万	千	百	十	元	角	分	√

明细分类账

…………级科目编号及名称……………………………………

…………级科目编号及名称……………………………………

年		凭证		摘要	对应科目	日页	借方											贷方											借或贷	余额										
月	日	种类	号数				千	百	十	万	千	百	十	元	角	分	√	千	百	十	万	千	百	十	元	角	分	√		千	百	十	万	千	百	十	元	角	分	√

明细分类账

……级科目编号及名称……

……级科目编号及名称……

年		凭证		摘要	对应科目	日页	借方											贷方											借或贷	余额										
月	日	种类	号数				千	百	十	万	千	百	十	元	角	分	√	千	百	十	万	千	百	十	元	角	分	√		千	百	十	万	千	百	十	元	角	分	√

明细分类账

……级科目编号及名称……

……级科目编号及名称……

年		凭证		摘要	对应科目	日页	借方											贷方											借或贷	余额										
月	日	种类	号数				千	百	十	万	千	百	十	元	角	分	√	千	百	十	万	千	百	十	元	角	分	√		千	百	十	万	千	百	十	元	角	分	√

明细分类账

……级科目编号及名称……

……级科目编号及名称……

年		凭证		摘要	对应科目	日页	借方											贷方											借或贷	余额										
月	日	种类	号数				千	百	十	万	千	百	十	元	角	分	√	千	百	十	万	千	百	十	元	角	分	√		千	百	十	万	千	百	十	元	角	分	√

明细分类账

……级科目编号及名称……

……级科目编号及名称……

年		凭证		摘要	对应科目	日页	借方											贷方											借或贷	余额										
月	日	种类	号数				千	百	十	万	千	百	十	元	角	分	√	千	百	十	万	千	百	十	元	角	分	√		千	百	十	万	千	百	十	元	角	分	√

明细分类账

……级科目编号及名称……………………

……级科目编号及名称……………………

年		凭证		摘要	对应科目	日页	借方											贷方											借或贷	余额										
月	日	种类	号数				千	百	十	万	千	百	十	元	角	分	√	千	百	十	万	千	百	十	元	角	分	√		千	百	十	万	千	百	十	元	角	分	√

明细分类账

…………级科目编号及名称……………………………………

…………级科目编号及名称……………………………………

年		凭证		摘要	对应科目	日页	借方											贷方											借或贷	余额										
月	日	种类	号数				千	百	十	万	千	百	十	元	角	分	√	千	百	十	万	千	百	十	元	角	分	√		千	百	十	万	千	百	十	元	角	分	√

明细分类账

……级科目编号及名称……

……级科目编号及名称……

年		凭证		摘要	对应科目	日页	借方											贷方											借或贷	余额										
月	日	种类	号数				千	百	十	万	千	百	十	元	角	分	√	千	百	十	万	千	百	十	元	角	分	√		千	百	十	万	千	百	十	元	角	分	√

明细分类账

…………级科目编号及名称……………………

…………级科目编号及名称……………………

年		凭证		摘要	对应科目	日页	借方											贷方											借或贷	余额										
月	日	种类	号数				千	百	十	万	千	百	十	元	角	分	√	千	百	十	万	千	百	十	元	角	分	√		千	百	十	万	千	百	十	元	角	分	√

明细分类账

……级科目编号及名称……

……级科目编号及名称……

年		凭证		摘要	对应科目	日页	借方											贷方											借或贷	余额										
月	日	种类	号数				千	百	十	万	千	百	十	元	角	分	√	千	百	十	万	千	百	十	元	角	分	√		千	百	十	万	千	百	十	元	角	分	√

明细分类账

…………级科目编号及名称……………………………………

…………级科目编号及名称……………………………………

年		凭证		摘要	对应科目	日页	借方											贷方											借或贷	余额										
月	日	种类	号数				千	百	十	万	千	百	十	元	角	分	√	千	百	十	万	千	百	十	元	角	分	√		千	百	十	万	千	百	十	元	角	分	√

明细分类账

……级科目编号及名称……

……级科目编号及名称……

年		凭证		摘要	对应科目	日页	借方											贷方											借或贷	余额										
月	日	种类	号数				千	百	十	万	千	百	十	元	角	分	√	千	百	十	万	千	百	十	元	角	分	√		千	百	十	万	千	百	十	元	角	分	√

明细分类账

……级科目编号及名称……

……级科目编号及名称……

年		凭证		摘要	对应科目	日页	借方											贷方											借或贷	余额										
月	日	种类	号数				千	百	十	万	千	百	十	元	角	分	√	千	百	十	万	千	百	十	元	角	分	√		千	百	十	万	千	百	十	元	角	分	√

明细分类账

……级科目编号及名称……

……级科目编号及名称……

年		凭证		摘要	对应科目	日页	借方											贷方											借或贷	余额										
月	日	种类	号数				千	百	十	万	千	百	十	元	角	分	√	千	百	十	万	千	百	十	元	角	分	√		千	百	十	万	千	百	十	元	角	分	√

明细分类账

……级科目编号及名称……

……级科目编号及名称……

年		凭证		摘要	对应科目	日页	借方											贷方											借或贷	余额										
月	日	种类	号数				千	百	十	万	千	百	十	元	角	分	√	千	百	十	万	千	百	十	元	角	分	√		千	百	十	万	千	百	十	元	角	分	√

明细分类账

………级科目编号及名称……………………………………

………级科目编号及名称……………………………………

年		凭证		摘要	对应科目	日页	借方											贷方											借或贷	余额										
月	日	种类	号数				千	百	十	万	千	百	十	元	角	分	√	千	百	十	万	千	百	十	元	角	分	√		千	百	十	万	千	百	十	元	角	分	√

明细分类账

…………级科目编号及名称……………………………………

…………级科目编号及名称……………………………………

年		凭证		摘要	对应科目	日页	借方											贷方											借或贷	余额										
月	日	种类	号数				千	百	十	万	千	百	十	元	角	分	√	千	百	十	万	千	百	十	元	角	分	√		千	百	十	万	千	百	十	元	角	分	√

明细分类账

……级科目编号及名称……

……级科目编号及名称……

年		凭证		摘要	对应科目	日页	借方											贷方											借或贷	余额										
月	日	种类	号数				千	百	十	万	千	百	十	元	角	分	√	千	百	十	万	千	百	十	元	角	分	√		千	百	十	万	千	百	十	元	角	分	√

明细分类账

……级科目编号及名称……

……级科目编号及名称……

年		凭证		摘要	对应科目	日页	借方											贷方											借或贷	余额										
月	日	种类	号数				千	百	十	万	千	百	十	元	角	分	√	千	百	十	万	千	百	十	元	角	分	√		千	百	十	万	千	百	十	元	角	分	√

明细分类账

…………级科目编号及名称……………………

…………级科目编号及名称……………………

年		凭证		摘要	对应科目	日页	借方											贷方											借或贷	余额										
月	日	种类	号数				千	百	十	万	千	百	十	元	角	分	√	千	百	十	万	千	百	十	元	角	分	√		千	百	十	万	千	百	十	元	角	分	√

明细分类账

……级科目编号及名称……

……级科目编号及名称……

年		凭证		摘要	对应科目	日页	借方											贷方											借或贷	余额										
月	日	种类	号数				千	百	十	万	千	百	十	元	角	分	√	千	百	十	万	千	百	十	元	角	分	√		千	百	十	万	千	百	十	元	角	分	√

明细分类账

..........级科目编号及名称..

..........级科目编号及名称..

年		凭证		摘要	对应科目	日页	借方											贷方											借或贷	余额										
月	日	种类	号数				千	百	十	万	千	百	十	元	角	分	√	千	百	十	万	千	百	十	元	角	分	√		千	百	十	万	千	百	十	元	角	分	√

明细分类账

……级科目编号及名称……

……级科目编号及名称……

年		凭证		摘要	对应科目	日页	借方											贷方											借或贷	余额										
月	日	种类	号数				千	百	十	万	千	百	十	元	角	分	√	千	百	十	万	千	百	十	元	角	分	√		千	百	十	万	千	百	十	元	角	分	√

明细分类账

……级科目编号及名称……

……级科目编号及名称……

年		凭证		摘要	对应科目	日页	借方											贷方											借或贷	余额										
月	日	种类	号数				千	百	十	万	千	百	十	元	角	分	√	千	百	十	万	千	百	十	元	角	分	√		千	百	十	万	千	百	十	元	角	分	√

明细分类账

…………级科目编号及名称……………………

…………级科目编号及名称……………………

年		凭证		摘要	对应科目	日页	借方											贷方											借或贷	余额										
月	日	种类	号数				千	百	十	万	千	百	十	元	角	分	√	千	百	十	万	千	百	十	元	角	分	√		千	百	十	万	千	百	十	元	角	分	√

明细分类账

……级科目编号及名称……………………

……级科目编号及名称……………………

年		凭证		摘要	对应科目	日页	借方										贷方										借或贷	余额									
月	日	种类	号数				千	百	十	万	千	百	十	元	角	分	√	千	百	十	万	千	百	十	元	角	分	√		千	百	十	万	千	百	十	元	角	分	√

明细分类账

……级科目编号及名称……

……级科目编号及名称……

年		凭证		摘要	对应科目	日页	借方											贷方											借或贷	余额										
月	日	种类	号数				千	百	十	万	千	百	十	元	角	分	√	千	百	十	万	千	百	十	元	角	分	√		千	百	十	万	千	百	十	元	角	分	√

明细分类账

……级科目编号及名称……

……级科目编号及名称……

年		凭证		摘要	对应科目	日页	借方											贷方											借或贷	余额										
月	日	种类	号数				千	百	十	万	千	百	十	元	角	分	√	千	百	十	万	千	百	十	元	角	分	√		千	百	十	万	千	百	十	元	角	分	√

明细分类账

……级科目编号及名称……

……级科目编号及名称……

年		凭证		摘要	对应科目	日页	借方											贷方											借或贷	余额										
月	日	种类	号数				千	百	十	万	千	百	十	元	角	分	√	千	百	十	万	千	百	十	元	角	分	√		千	百	十	万	千	百	十	元	角	分	√

明细分类账

……级科目编号及名称……

……级科目编号及名称……

年		凭证		摘要	对应科目	日页	借方											贷方											借或贷	余额										
月	日	种类	号数				千	百	十	万	千	百	十	元	角	分	√	千	百	十	万	千	百	十	元	角	分	√		千	百	十	万	千	百	十	元	角	分	√

明细分类账

…………级科目编号及名称……………………………………

…………级科目编号及名称……………………………………

年		凭证		摘要	对应科目	日页	借方											贷方											借或贷	余额										
月	日	种类	号数				千	百	十	万	千	百	十	元	角	分	√	千	百	十	万	千	百	十	元	角	分	√		千	百	十	万	千	百	十	元	角	分	√

明细分类账

………级科目编号及名称……………………

………级科目编号及名称……………………

年		凭证		摘要	对应科目	日页	借方											贷方											借或贷	余额										
月	日	种类	号数				千	百	十	万	千	百	十	元	角	分	√	千	百	十	万	千	百	十	元	角	分	√		千	百	十	万	千	百	十	元	角	分	√

明细分类账

……级科目编号及名称……

……级科目编号及名称……

年		凭证		摘要	对应科目	日页	借方											贷方											借或贷	余额										
月	日	种类	号数				千	百	十	万	千	百	十	元	角	分	√	千	百	十	万	千	百	十	元	角	分	√		千	百	十	万	千	百	十	元	角	分	√

明细分类账

……级科目编号及名称……

……级科目编号及名称……

年		凭证		摘要	对应科目	日页	借方											贷方											借或贷	余额										
月	日	种类	号数				千	百	十	万	千	百	十	元	角	分	√	千	百	十	万	千	百	十	元	角	分	√		千	百	十	万	千	百	十	元	角	分	√

明细分类账

.... 级科目编号及名称 ....

.... 级科目编号及名称 ....

年		凭证		摘要	对应科目	日页	借方											贷方											借或贷	余额										
月	日	种类	号数				千	百	十	万	千	百	十	元	角	分	√	千	百	十	万	千	百	十	元	角	分	√		千	百	十	万	千	百	十	元	角	分	√

明细分类账

………级科目编号及名称………

………级科目编号及名称………

年		凭证		摘要	对应科目	日页	借方											贷方											借或贷	余额										
月	日	种类	号数				千	百	十	万	千	百	十	元	角	分	√	千	百	十	万	千	百	十	元	角	分	√		千	百	十	万	千	百	十	元	角	分	√

明细分类账

…………级科目编号及名称……………………………………

…………级科目编号及名称……………………………………

年		凭证		摘要	对应科目	日页	借方											贷方											借或贷	余额										
月	日	种类	号数				千	百	十	万	千	百	十	元	角	分	√	千	百	十	万	千	百	十	元	角	分	√		千	百	十	万	千	百	十	元	角	分	√

明细分类账

……级科目编号及名称……

……级科目编号及名称……

年		凭证		摘要	对应科目	日页	借方											贷方											借或贷	余额										
月	日	种类	号数				千	百	十	万	千	百	十	元	角	分	√	千	百	十	万	千	百	十	元	角	分	√		千	百	十	万	千	百	十	元	角	分	√

明细分类账

…………级科目编号及名称……………………

…………级科目编号及名称……………………

年		凭证		摘要	对应科目	日页	借方											贷方											借或贷	余额										
月	日	种类	号数				千	百	十	万	千	百	十	元	角	分	√	千	百	十	万	千	百	十	元	角	分	√		千	百	十	万	千	百	十	元	角	分	√

明细分类账

……级科目编号及名称……

……级科目编号及名称……

年		凭证		摘要	对应科目	日页	借方											贷方											借或贷	余额										
月	日	种类	号数				千	百	十	万	千	百	十	元	角	分	√	千	百	十	万	千	百	十	元	角	分	√		千	百	十	万	千	百	十	元	角	分	√

明细分类账

………级科目编号及名称………………………………

………级科目编号及名称………………………………

年		凭证		摘要	对应科目	日页	借方											贷方											借或贷	余额										
月	日	种类	号数				千	百	十	万	千	百	十	元	角	分	√	千	百	十	万	千	百	十	元	角	分	√		千	百	十	万	千	百	十	元	角	分	√

明细分类账

……级科目编号及名称……

……级科目编号及名称……

年		凭证		摘要	对应科目	日页	借方											贷方											借或贷	余额										
月	日	种类	号数				千	百	十	万	千	百	十	元	角	分	√	千	百	十	万	千	百	十	元	角	分	√		千	百	十	万	千	百	十	元	角	分	√

明细分类账

……级科目编号及名称……

……级科目编号及名称……

年		凭证		摘要	对应科目	日页	借方											贷方											借或贷	余额										
月	日	种类	号数				千	百	十	万	千	百	十	元	角	分	√	千	百	十	万	千	百	十	元	角	分	√		千	百	十	万	千	百	十	元	角	分	√

明细分类账

……级科目编号及名称……

……级科目编号及名称……

年		凭证		摘要	对应科目	日页	借方											贷方											借或贷	余额										
月	日	种类	号数				千	百	十	万	千	百	十	元	角	分	√	千	百	十	万	千	百	十	元	角	分	√		千	百	十	万	千	百	十	元	角	分	√

明细分类账

…………级科目编号及名称……………………………………

…………级科目编号及名称……………………………………

年		凭证		摘要	对应科目	日页	借方											贷方											借或贷	余额										
月	日	种类	号数				千	百	十	万	千	百	十	元	角	分	√	千	百	十	万	千	百	十	元	角	分	√		千	百	十	万	千	百	十	元	角	分	√

明细分类账

............级科目编号及名称............

............级科目编号及名称............

年		凭证		摘要	对应科目	日页	借方											贷方											借或贷	余额										
月	日	种类	号数				千	百	十	万	千	百	十	元	角	分	√	千	百	十	万	千	百	十	元	角	分	√		千	百	十	万	千	百	十	元	角	分	√

明细分类账

…………级科目编号及名称……………………………………

…………级科目编号及名称……………………………………

年		凭证		摘要	对应科目	日页	借方											贷方											借或贷	余额										
月	日	种类	号数				千	百	十	万	千	百	十	元	角	分	√	千	百	十	万	千	百	十	元	角	分	√		千	百	十	万	千	百	十	元	角	分	√

明细分类账

……级科目编号及名称……

……级科目编号及名称……

年		凭证		摘要	对应科目	日页	借方											贷方											借或贷	余额										
月	日	种类	号数				千	百	十	万	千	百	十	元	角	分	√	千	百	十	万	千	百	十	元	角	分	√		千	百	十	万	千	百	十	元	角	分	√

明细分类账

………级科目编号及名称………

………级科目编号及名称………

年		凭证		摘要	对应科目	日页	借方											贷方											借或贷	余额										
月	日	种类	号数				千	百	十	万	千	百	十	元	角	分	√	千	百	十	万	千	百	十	元	角	分	√		千	百	十	万	千	百	十	元	角	分	√

明细分类账

……级科目编号及名称……

……级科目编号及名称……

年		凭证		摘要	对应科目	日页	借方											贷方											借或贷	余额										
月	日	种类	号数				千	百	十	万	千	百	十	元	角	分	√	千	百	十	万	千	百	十	元	角	分	√		千	百	十	万	千	百	十	元	角	分	√

明细分类账

............级科目编号及名称..

............级科目编号及名称..

年		凭证		摘要	对应科目	日页	借方											贷方											借或贷	余额										
月	日	种类	号数				千	百	十	万	千	百	十	元	角	分	√	千	百	十	万	千	百	十	元	角	分	√		千	百	十	万	千	百	十	元	角	分	√

明细分类账

……级科目编号及名称……

……级科目编号及名称……

年		凭证		摘要	对应科目	日页	借方											贷方											借或贷	余额										
月	日	种类	号数				千	百	十	万	千	百	十	元	角	分	√	千	百	十	万	千	百	十	元	角	分	√		千	百	十	万	千	百	十	元	角	分	√

明细分类账

…………级科目编号及名称……………………………………

…………级科目编号及名称……………………………………

年		凭证		摘要	对应科目	日页	借方											贷方											借或贷	余额										
月	日	种类	号数				千	百	十	万	千	百	十	元	角	分	√	千	百	十	万	千	百	十	元	角	分	√		千	百	十	万	千	百	十	元	角	分	√

明细分类账

…………级科目编号及名称……………………………………

…………级科目编号及名称……………………………………

年		凭证		摘要	对应科目	日页	借方											贷方											借或贷	余额										
月	日	种类	号数				千	百	十	万	千	百	十	元	角	分	√	千	百	十	万	千	百	十	元	角	分	√		千	百	十	万	千	百	十	元	角	分	√

明细分类账

…………级科目编号及名称……………………………………

…………级科目编号及名称……………………………………

年		凭证		摘要	对应科目	日页	借方											贷方											借或贷	余额										
月	日	种类	号数				千	百	十	万	千	百	十	元	角	分	√	千	百	十	万	千	百	十	元	角	分	√		千	百	十	万	千	百	十	元	角	分	√

明细分类账

……级科目编号及名称……

……级科目编号及名称……

年		凭证		摘要	对应科目	日页	借方											贷方											借或贷	余额										
月	日	种类	号数				千	百	十	万	千	百	十	元	角	分	√	千	百	十	万	千	百	十	元	角	分	√		千	百	十	万	千	百	十	元	角	分	√

明细分类账

..........级科目编号及名称..........

..........级科目编号及名称..........

年		凭证		摘要	对应科目	日页	借方											贷方											借或贷	余额										
月	日	种类	号数				千	百	十	万	千	百	十	元	角	分	√	千	百	十	万	千	百	十	元	角	分	√		千	百	十	万	千	百	十	元	角	分	√

明细分类账

……级科目编号及名称……

……级科目编号及名称……

年		凭证		摘要	对应科目	日页	借方											贷方											借或贷	余额										
月	日	种类	号数				千	百	十	万	千	百	十	元	角	分	√	千	百	十	万	千	百	十	元	角	分	√		千	百	十	万	千	百	十	元	角	分	√

明细分类账

…………级科目编号及名称……………………………………

…………级科目编号及名称……………………………………

年		凭证		摘要	对应科目	日页	借方											贷方											借或贷	余额										
月	日	种类	号数				千	百	十	万	千	百	十	元	角	分	√	千	百	十	万	千	百	十	元	角	分	√		千	百	十	万	千	百	十	元	角	分	√

明细分类账

……级科目编号及名称……

……级科目编号及名称……

年		凭证		摘要	对应科目	日页	借方											贷方											借或贷	余额										
月	日	种类	号数				千	百	十	万	千	百	十	元	角	分	√	千	百	十	万	千	百	十	元	角	分	√		千	百	十	万	千	百	十	元	角	分	√

明细分类账

……级科目编号及名称……

……级科目编号及名称……

年		凭证		摘要	对应科目	日页	借方											贷方											借或贷	余额										
月	日	种类	号数				千	百	十	万	千	百	十	元	角	分	√	千	百	十	万	千	百	十	元	角	分	√		千	百	十	万	千	百	十	元	角	分	√

明细分类账

……级科目编号及名称……

……级科目编号及名称……

年		凭证		摘要	对应科目	日页	借方											贷方											借或贷	余额										
月	日	种类	号数				千	百	十	万	千	百	十	元	角	分	√	千	百	十	万	千	百	十	元	角	分	√		千	百	十	万	千	百	十	元	角	分	√

明细分类账

…………级科目编号及名称……………………………………

…………级科目编号及名称……………………………………

年		凭证		摘要	对应科目	日页	借方											贷方											借或贷	余额										
月	日	种类	号数				千	百	十	万	千	百	十	元	角	分	√	千	百	十	万	千	百	十	元	角	分	√		千	百	十	万	千	百	十	元	角	分	√

明细分类账

……级科目编号及名称……

……级科目编号及名称……

年		凭证		摘要	对应科目	日页	借方											贷方											借或贷	余额										
月	日	种类	号数				千	百	十	万	千	百	十	元	角	分	√	千	百	十	万	千	百	十	元	角	分	√		千	百	十	万	千	百	十	元	角	分	√

明细分类账

…………级科目编号及名称…………………………………

…………级科目编号及名称…………………………………

年		凭证		摘要	对应科目	日页	借方											贷方											借或贷	余额										
月	日	种类	号数				千	百	十	万	千	百	十	元	角	分	√	千	百	十	万	千	百	十	元	角	分	√		千	百	十	万	千	百	十	元	角	分	√

明细分类账

……级科目编号及名称……

……级科目编号及名称……

年		凭证		摘要	对应科目	日页	借方											贷方											借或贷	余额										
月	日	种类	号数				千	百	十	万	千	百	十	元	角	分	√	千	百	十	万	千	百	十	元	角	分	√		千	百	十	万	千	百	十	元	角	分	√

明细分类账

………级科目编号及名称……………………

………级科目编号及名称……………………

年		凭证		摘要	对应科目	日页	借方											贷方											借或贷	余额										
月	日	种类	号数				千	百	十	万	千	百	十	元	角	分	√	千	百	十	万	千	百	十	元	角	分	√		千	百	十	万	千	百	十	元	角	分	√

明细分类账

……级科目编号及名称……
……级科目编号及名称……

年		凭证		摘要	对应科目	日页	借方											贷方											借或贷	余额										
月	日	种类	号数				千	百	十	万	千	百	十	元	角	分	√	千	百	十	万	千	百	十	元	角	分	√		千	百	十	万	千	百	十	元	角	分	√

明细分类账

…………级科目编号及名称…………………………………………

…………级科目编号及名称…………………………………………

年		凭证		摘要	对应科目	日页	借方											贷方											借或贷	余额										
月	日	种类	号数				千	百	十	万	千	百	十	元	角	分	√	千	百	十	万	千	百	十	元	角	分	√		千	百	十	万	千	百	十	元	角	分	√

明细分类账

……级科目编号及名称……

……级科目编号及名称……

年		凭证		摘要	对应科目	日页	借方											贷方											借或贷	余额										
月	日	种类	号数				千	百	十	万	千	百	十	元	角	分	√	千	百	十	万	千	百	十	元	角	分	√		千	百	十	万	千	百	十	元	角	分	√

明细分类账

………级科目编号及名称………………………………

………级科目编号及名称………………………………

年		凭证		摘要	对应科目	日页	借方										贷方										借或贷	余额									
月	日	种类	号数				千	百	十	万	千	百	十	元	角	分	√	千	百	十	万	千	百	十	元	角	分	√		千	百	十	万	千	百	十	元	角	分	√

明细分类账

……级科目编号及名称……………………

……级科目编号及名称……………………

年		凭证		摘要	对应科目	日页	借方											贷方											借或贷	余额										
月	日	种类	号数				千	百	十	万	千	百	十	元	角	分	√	千	百	十	万	千	百	十	元	角	分	√		千	百	十	万	千	百	十	元	角	分	√

明细分类账

…………级科目编号及名称……………………………………

…………级科目编号及名称……………………………………

年		凭证		摘要	对应科目	日页	借方											贷方											借或贷	余额										
月	日	种类	号数				千	百	十	万	千	百	十	元	角	分	√	千	百	十	万	千	百	十	元	角	分	√		千	百	十	万	千	百	十	元	角	分	√

明细分类账

……级科目编号及名称……

……级科目编号及名称……

年		凭证		摘要	对应科目	日页	借方											贷方											借或贷	余额										
月	日	种类	号数				千	百	十	万	千	百	十	元	角	分	√	千	百	十	万	千	百	十	元	角	分	√		千	百	十	万	千	百	十	元	角	分	√

明细分类账

……级科目编号及名称……

……级科目编号及名称……

年		凭证		摘要	对应科目	日页	借方											贷方											借或贷	余额										
月	日	种类	号数				千	百	十	万	千	百	十	元	角	分	√	千	百	十	万	千	百	十	元	角	分	√		千	百	十	万	千	百	十	元	角	分	√

明细分类账

……级科目编号及名称……

……级科目编号及名称……

年		凭证		摘要	对应科目	日页	借方											贷方											借或贷	余额										
月	日	种类	号数				千	百	十	万	千	百	十	元	角	分	√	千	百	十	万	千	百	十	元	角	分	√		千	百	十	万	千	百	十	元	角	分	√

明细分类账

……级科目编号及名称……

……级科目编号及名称……

年		凭证		摘要	对应科目	日页	借方											贷方											借或贷	余额										
月	日	种类	号数				千	百	十	万	千	百	十	元	角	分	√	千	百	十	万	千	百	十	元	角	分	√		千	百	十	万	千	百	十	元	角	分	√

明细分类账

............级科目编号及名称............

............级科目编号及名称............

年		凭证		摘要	对应科目	日页	借方											贷方											借或贷	余额										
月	日	种类	号数				千	百	十	万	千	百	十	元	角	分	√	千	百	十	万	千	百	十	元	角	分	√		千	百	十	万	千	百	十	元	角	分	√

明细分类账

............级科目编号及名称..

............级科目编号及名称..

年		凭证		摘要	对应科目	日页	借方											贷方											借或贷	余额										
月	日	种类	号数				千	百	十	万	千	百	十	元	角	分	√	千	百	十	万	千	百	十	元	角	分	√		千	百	十	万	千	百	十	元	角	分	√

明细分类账

……级科目编号及名称……………………

……级科目编号及名称……………………

年		凭证		摘要	对应科目	日页	借方											贷方											借或贷	余额										
月	日	种类	号数				千	百	十	万	千	百	十	元	角	分	√	千	百	十	万	千	百	十	元	角	分	√		千	百	十	万	千	百	十	元	角	分	√

明细分类账

……级科目编号及名称……

……级科目编号及名称……

年		凭证		摘要	对应科目	日页	借方											贷方											借或贷	余额										
月	日	种类	号数				千	百	十	万	千	百	十	元	角	分	√	千	百	十	万	千	百	十	元	角	分	√		千	百	十	万	千	百	十	元	角	分	√

明细分类账

…………级科目编号及名称……………………………………

…………级科目编号及名称……………………………………

年		凭证		摘要	对应科目	日页	借方											贷方											借或贷	余额										
月	日	种类	号数				千	百	十	万	千	百	十	元	角	分	√	千	百	十	万	千	百	十	元	角	分	√		千	百	十	万	千	百	十	元	角	分	√

明细分类账

………… 级科目编号及名称…………………………………

………… 级科目编号及名称…………………………………

年		凭证		摘要	对应科目	日页	借方											贷方											借或贷	余额										
月	日	种类	号数				千	百	十	万	千	百	十	元	角	分	√	千	百	十	万	千	百	十	元	角	分	√		千	百	十	万	千	百	十	元	角	分	√

明细分类账

……级科目编号及名称……

……级科目编号及名称……

年		凭证		摘要	对应科目	日页	借方											贷方											借或贷	余额										
月	日	种类	号数				千	百	十	万	千	百	十	元	角	分	√	千	百	十	万	千	百	十	元	角	分	√		千	百	十	万	千	百	十	元	角	分	√

明细分类账

……级科目编号及名称……

……级科目编号及名称……

年		凭证		摘要	对应科目	日页	借方										贷方										借或贷	余额									
月	日	种类	号数				千	百	十	万	千	百	十	元	角	分	√	千	百	十	万	千	百	十	元	角	分	√		千	百	十	万	千	百	十	元	角	分	√

明细分类账

……级科目编号及名称……

……级科目编号及名称……

年		凭证		摘要	对应科目	日页	借方											贷方											借或贷	余额										
月	日	种类	号数				千	百	十	万	千	百	十	元	角	分	√	千	百	十	万	千	百	十	元	角	分	√		千	百	十	万	千	百	十	元	角	分	√

明细分类账

…………级科目编号及名称……………………………………

…………级科目编号及名称……………………………………

年		凭证		摘要	对应科目	日页	借方											贷方											借或贷	余额										
月	日	种类	号数				千	百	十	万	千	百	十	元	角	分	√	千	百	十	万	千	百	十	元	角	分	√		千	百	十	万	千	百	十	元	角	分	√

数量金额式明细分类账目录

编号	名　　称	起讫页码	编号	名　　称	起讫页码

数量金额式明细分类账

明细科目：

类　　别：　　　　品名：　　　　计量单位：

年		凭证		摘要	借方												贷方												借或贷	余额											
月	日	种类	号数		单价	数量	金额										单价	数量	金额											单价	数量	金额									
							千	百	十	万	千	百	十	元	角	分			千	百	十	万	千	百	十	元	角	分				千	百	十	万	千	百	十	元	角	分

数量金额式明细分类账

151

明细科目：

类　　别：　　　　品名：　　　　计量单位：

年		凭证		摘要	借方												贷方												借或贷	余额											
月	日	种类	号数		单价	数量	金额										单价	数量	金额											单价	数量	金额									
							千	百	十	万	千	百	十	元	角	分			千	百	十	万	千	百	十	元	角	分				千	百	十	万	千	百	十	元	角	分

152

数量金额式明细分类账

明细科目：

类　　别：　　　　　　品名：　　　　　　计量单位：

年		凭证		摘要	借方												贷方												借或贷	余额											
月	日	种类	号数		单价	数量	金额										单价	数量	金额											单价	数量	金额									
							千	百	十	万	千	百	十	元	角	分			千	百	十	万	千	百	十	元	角	分				千	百	十	万	千	百	十	元	角	分

数量金额式明细分类账

明细科目：

类　　别：　　　　品名：　　　　计量单位：

年		凭证		摘要	借方												贷方												借或贷	余额											
月	日	种类	号数		单价	数量	金额										单价	数量	金额											单价	数量	金额									
							千	百	十	万	千	百	十	元	角	分			千	百	十	万	千	百	十	元	角	分				千	百	十	万	千	百	十	元	角	分

数量金额式明细分类账

明细科目：

类　　别：　　　　　　　　　　　　　品名：　　　　　　　　　　　　计量单位：

年		凭证		摘要	借方												贷方												借或贷	余额											
月	日	种类	号数		单价	数量	金额										单价	数量	金额											单价	数量	金额									
							千	百	十	万	千	百	十	元	角	分			千	百	十	万	千	百	十	元	角	分				千	百	十	万	千	百	十	元	角	分

数量金额式明细分类账

明细科目：

类　别：　　　　品名：　　　　计量单位：

年		凭证		摘要	借方												贷方												借或贷	余额											
月	日	种类	号数		单价	数量	金额										单价	数量	金额											单价	数量	金额									
							千	百	十	万	千	百	十	元	角	分			千	百	十	万	千	百	十	元	角	分				千	百	十	万	千	百	十	元	角	分

数量金额式明细分类账

明细科目：

类　别：　　　　品名：　　　　计量单位：

年		凭证		摘要	借方												贷方												借或贷	余额											
月	日	种类	号数		单价	数量	金额										单价	数量	金额											单价	数量	金额									
							千	百	十	万	千	百	十	元	角	分			千	百	十	万	千	百	十	元	角	分				千	百	十	万	千	百	十	元	角	分

数量金额式明细分类账

明细科目：

类　　别：　　　　品名：　　　　计量单位：

年		凭证		摘要	借方												贷方												借或贷	余额											
							金额												金额													金额									
月	日	种类	号数		单价	数量	千	百	十	万	千	百	十	元	角	分	单价	数量	千	百	十	万	千	百	十	元	角	分		单价	数量	千	百	十	万	千	百	十	元	角	分

158

数量金额式明细分类账

明细科目：

类　　别：　　品名：　　计量单位：

年		凭证		摘要	借方												贷方												借或贷	余额											
月	日	种类	号数		单价	数量	金额										单价	数量	金额											单价	数量	金额									
							千	百	十	万	千	百	十	元	角	分			千	百	十	万	千	百	十	元	角	分				千	百	十	万	千	百	十	元	角	分

多栏式明细分类账目录

编号	科　　目	起讫页码	编号	科　　目	起讫页码

多栏式明细分类账目录

编号	科目	起讫页码	编号	科目	起讫页码

管理费用明细分类账

……级科目……

……级科目……

年		凭证		摘要																																																																					
月	日	种类	号数		百	十	万	千	百	十	元	角	分	百	十	万	千	百	十	元	角	分	百	十	万	千	百	十	元	角	分	百	十	万	千	百	十	元	角	分	百	十	万	千	百	十	元	角	分	百	十	万	千	百	十	元	角	分	百	十	万	千	百	十	元	角	分	百	十	万	千	百	十	元	角	分

管理费用明细分类账

…………级科目……………………………………

…………级科目……………………………………

年		凭证		摘要								
月	日	种类	号数		百十万千百十元角分	百十万千百十元角分	百十万千百十元角分	百十万千百十元角分	百十万千百十元角分	百十万千百十元角分	百十万千百十元角分	百十万千百十元角分

管理费用明细分类账

……级科目……………………

……级科目……………………

年		凭证		摘要																																																																								
月	日	种类	号数		百	十	万	千	百	十	元	角	分	百	十	万	千	百	十	元	角	分	百	十	万	千	百	十	元	角	分	百	十	万	千	百	十	元	角	分	百	十	万	千	百	十	元	角	分	百	十	万	千	百	十	元	角	分	百	十	万	千	百	十	元	角	分	百	十	万	千	百	十	元	角	分

销售费用明细分类账

级科目

级科目

年		凭证		摘要								
月	日	种类	号数		百十万千百十元角分	百十万千百十元角分	百十万千百十元角分	百十万千百十元角分	百十万千百十元角分	百十万千百十元角分	百十万千百十元角分	百十万千百十元角分

销售费用明细分类账

……级科目……

……级科目……

年		凭证		摘要								
月	日	种类	号数		百十万千百十元角分	百十万千百十元角分	百十万千百十元角分	百十万千百十元角分	百十万千百十元角分	百十万千百十元角分	百十万千百十元角分	百十万千百十元角分

财务费用明细分类账

……级科目……

……级科目……

年		凭证		摘要								
月	日	种类	号数		百十万千百十元角分	百十万千百十元角分	百十万千百十元角分	百十万千百十元角分	百十万千百十元角分	百十万千百十元角分	百十万千百十元角分	百十万千百十元角分

财务费用明细分类账

……级科目……

……级科目……

年		凭证		摘要																																																																					
月	日	种类	号数		百	十	万	千	百	十	元	角	分	百	十	万	千	百	十	元	角	分	百	十	万	千	百	十	元	角	分	百	十	万	千	百	十	元	角	分	百	十	万	千	百	十	元	角	分	百	十	万	千	百	十	元	角	分	百	十	万	千	百	十	元	角	分	百	十	万	千	百	十	元	角	分

应交税费——

年		凭证		摘要																																																														
月	日	种类	号数		百	十	万	千	百	十	元	角	分	百	十	万	千	百	十	元	角	分	百	十	万	千	百	十	元	角	分	百	十	万	千	百	十	元	角	分	百	十	万	千	百	十	元	角	分	百	十	万	千	百	十	元	角	分	百	十	万	千	百	十	元	角	分

应交增值税明细分类账

……级科目编号及名称……

……级科目编号及名称……

百	十	万	千	百	十	元	角	分	百	十	万	千	百	十	元	角	分	百	十	万	千	百	十	元	角	分	百	十	万	千	百	十	元	角	分	百	十	万	千	百	十	元	角	分	百	十	万	千	百	十	元	角	分	百	十	万	千	百	十	元	角	分	百	十	万	千	百	十	元	角	分	百	十	万	千	百	十	元	角	分

应交税费——

年		凭证		摘要																																																															
月	日	种类	号数		百	十	万	千	百	十	元	角	分	百	十	万	千	百	十	元	角	分	百	十	万	千	百	十	元	角	分	百	十	万	千	百	十	元	角	分	百	十	万	千	百	十	元	角	分	百	十	万	千	百	十	元	角	分	百	十	万	千	百	十	元	角	分

应交增值税明细分类账

…………级科目编号及名称……………………

…………级科目编号及名称……………………

百	十	万	千	百	十	元	角	分	百	十	万	千	百	十	元	角	分	百	十	万	千	百	十	元	角	分	百	十	万	千	百	十	元	角	分	百	十	万	千	百	十	元	角	分	百	十	万	千	百	十	元	角	分	百	十	万	千	百	十	元	角	分	百	十	万	千	百	十	元	角	分	百	十	万	千	百	十	元	角	分

应交税费——

年		凭证		摘要																																																												
月	日	种类	号数		百	十	万	千	百	十	元	角	分	百	十	万	千	百	十	元	角	分	百	十	万	千	百	十	元	角	分	百	十	万	千	百	十	元	角	分	百	十	万	千	百	十	元	角	分	百	十	万	千	百	十	元	角	分	百	十	万	千	百	十	元	角	分

应交增值税明细分类账

…………级科目编号及名称……………………

…………级科目编号及名称……………………

百	十	万	千	百	十	元	角	分	百	十	万	千	百	十	元	角	分	百	十	万	千	百	十	元	角	分	百	十	万	千	百	十	元	角	分	百	十	万	千	百	十	元	角	分	百	十	万	千	百	十	元	角	分	百	十	万	千	百	十	元	角	分	百	十	万	千	百	十	元	角	分	百	十	万	千	百	十	元	角	分

公司

财 务 报 表

20　　年度

资产负债表

编制单位：　　　　　　　　年　　月　　日　　　　　　　　单位：元

资产	行次	期末余额	年初余额	负债及所有者权益	行次	期末余额	年初余额
流动资产：				流动负债：			
货币资金	1			短期借款	30		
交易性金融资产	2			交易性金融负债	31		
衍生金融资产	3			衍生金融负债	32		
应收票据	4			应付票据	33		
应收账款	5			应付账款	34		
应收款项融资	6			预收款项	35		
预付款项	7			合同负债	36		
其他应收款	8			应付职工薪酬	37		
存货	9			应交税费	38		
一年内到期的非流动资产	10			其他应付款	39		
其他流动资产	11			一年内到期的非流动负债	40		
流动资产合计	12			其他流动负债	41		
非流动资产：				流动负债合计	42		
债权投资	13			非流动负债：			
其他债权投资	14			长期借款	43		
长期应收款	15			应付债券	44		
长期股权投资	16			其中：优先股	45		
其他权益工具投资	17			永续债	46		
其他非流动金融资产	18			长期应付款	47		
投资性房地产	19			预计负债	48		
固定资产	20			递延收益	49		
在建工程	21			递延所得税负债	50		
无形资产	22			其他非流动负债	51		
开发支出	23			非流动负债合计	52		
商誉	24			负债合计	53		
长期待摊费用	25			所有者权益(或股东权益)：			
递延所得税资产	26			实收资本(或股本)	54		
其他非流动资产	27			其他权益工具	55		
非流动资产合计	28			其中：优先股	56		
				永续债	57		
				资本公积	58		
				减：库存股	59		
				其他综合收益	60		
				专项储备	61		
				盈余公积	62		
				本年利润	63		
				未分配利润	64		
				所有者权益(或股东权益)合计	65		
资产总计	29			负债及所有者权益总计	66		

单位负责人：　　　　　　主管会计工作负责人：　　　　　　会计机构负责人：

利 润 表

编制单位：　　　　20 年 月　　　　单位:元

项 目	行次	金额
一、营业收入	1	
减:营业成本	2	
税金及附加	3	
销售费用	4	
管理费用	5	
研发费用	6	
财务费用	7	
其中:利息费用	8	
利息收入	9	
加:其他收益	10	
投资收益(损失以“—”号填列)	11	
其中:对联营企业和合营企业的投资收益	12	
公允价值变动收益(损失以“—”号填列)	13	
信用减值损失(损失以“—”号填列)	14	
资产减值损失(损失以“—”号填列)	15	
资产处置收益(损失以“—”号填列)	16	
二、营业利润(亏损以“—”号填列)	17	
加:营业外收入	18	
减:营业外支出	19	
三、利润总额(亏损以“—”号填列)	20	
减:所得税费用	21	
四、净利润(净亏损以“—”号填列)	22	
(一)持续经营净利润(净亏损以“—”号填列)	23	
(二)终止经营净利润(净亏损以“—”号填列)	24	
五、其他综合收益的税后净额	25	
六、综合收益总额	26	
七、每股收益:	27	
(一)基本每股收益	28	
(二)稀释每股收益	29	

现金流量表

编制单位： 20 年 月 单位:元

项目	行次	本月金额	本年累计金额
一、经营活动产生的现金流量：	1		
销售商品、提供劳务收到的现金	2		
收到的税费返还	3		
收到其他与经营活动有关的现金	4		
经营活动现金流入小计	5		
购买商品、接受劳务支付的现金	6		
支付给职工以及为职工支付的现金	7		
支付的各项税费	8		
支付其他与经营活动有关的现金	9		
经营活动现金流出小计	10		
经营活动产生的现金流量净额	11		
二、投资活动产生的现金流量：	12		
收回投资收到的现金	13		
取得投资收益收到的现金	14		
处置固定资产、无形资产和其他长期资产收回的现金净额	15		
处置子公司及其他营业单位收到的现金净额	16		
收到其他与投资活动有关的现金	17		
投资活动现金流入小计	18		
购建固定资产、无形资产和其他长期资产支付的现金	19		
投资支付的现金	20		
取得子公司及其他营业单位支付的现金净额	21		
支付其他与投资活动有关的现金	22		
投资活动现金流出小计	23		
投资活动产生的现金流量净额	24		
三、筹资活动产生的现金流量：	25		
吸收投资收到的现金	26		
取得借款收到的现金	27		
收到其他与筹资活动有关的现金	28		
筹资活动现金流入小计	29		
偿还债务支付的现金	30		
分配股利、利润或偿付利息支付的现金	31		
支付其他与筹资活动有关的现金	32		
筹资活动现金流出小计	33		
筹资活动产生的现金流量净额	34		
四、汇率变动对现金及现金等价物的影响	35		
五、现金及现金等价物净增加额	36		
加:期初现金及现金等价物余额	37		
六、期末现金及现金等价物余额	38		

现金流量表(补充资料)

编制单位:____________　　________年度　　单位:元

补充资料	本期金额	上期金额
1. 将净利润调节为经营活动现金流量:		
净利润		
加:资产减值准备		
固定资产折旧、油气资产折耗、生产性生物资产折旧		
无形资产摊销		
长期待摊费用返销		
处置固定资产、无形资产和其他长期资产的损失(收益以"—"号填列)固定资产报废损失(收益以"—"号填列)		
公允价值变动损失(收益以"—"号填列)		
财务费用(收益以"—"号填列)		
投资损失(收益以"—"号填列)		
递延所得税资产减少(增加以"—"号填列)		
递延所得税负债增加(减少以"—"号填列)		
存货的减少(增加以"—"号填列)		
经营性应收项目的减少(增加以"—"号填列)		
经营性应付项目的增加(减少以"—"号填列)		
其他		
经营活动产生的现金流量净额		
2. 不涉及现金收支的重大投资和筹资活动:		
债务转为资本		
一年内到期的可转换公司债券		
融资租入固定资产		
3. 现金及现金等价物净变化情况:		
现金的期末余额		
减:现金的期初余额		
加:现金等价物的期末余额		
减:现金等价物的期初余额		
现金及现金等价物净增加额		

所 有 者 权 益 变 动 表

编制单位：＿＿＿＿＿＿＿＿　　　＿＿＿＿＿＿年度　　　单位：元

项目	本年金额						上年金额					
	实收资本（或股本）	资本公积	减：库存股	盈余公积	未分配利润	所有者权益合计	实收资本（或股本）	资本公积	减：库存股	盈余公积	未分配利润	所有者权益合计
一、上年年末余额												
加：会计政策变更												
前期差错更正												
二、本年年初余额												
三、本年增减变动金额（减少以“-”号填列）												
（一）净利润												
（二）直接计入所有者权益的利得和损失												
1．可供出售金融资产公允价值变动净额												
2．权益法下被投资单位其他所有者权益变动的影响												
3．与计入所有者权益项目相关的所得税影响												
4．其他												
上述（一）和（二）小计												
（三）所有者投入和减少资本												
1．所有者投入资本												
2．股份支付计入所有者权益的金额												
3．其他												
（四）利润分配												
1．提取盈余公积												
2．对所有者（或股东）的分配												
3．其他												
（五）所有者权益内部结转												
1．资本公积转增资本（或股本）												
2．盈余公积转增资本（或股本）												
3．盈余公积弥补亏损												
4．其他												
四、本年年末余额												

编号：		附件共　　张	
记账凭证	收款	第　　号至　　号共	张
	付款	第　　号至　　号共	张
	转账	第　　号至　　号共	张

科目汇总表

年　　月　　日至　　月　　日

会计科目	本期发生额汇总		会计科目	本期发生额汇总	
	借方	贷方		借方	贷方
	千百十万千百十元角分	千百十万千百十元角分		千百十万千百十元角分	千百十万千百十元角分

财会主管　　　　记账　　　　复核　　　　制表

编号：		附件共			张
记账凭证	收款	第	号至	号共	张
	付款	第	号至	号共	张
	转账	第	号至	号共	张

科目汇总表

年　月　日至　月　日

会计科目	本期发生额汇总																				会计科目	本期发生额汇总																			
	借方										贷方											借方										贷方									
	千	百	十	万	千	百	十	元	角	分	千	百	十	万	千	百	十	元	角	分		千	百	十	万	千	百	十	元	角	分	千	百	十	万	千	百	十	元	角	分

财会主管　　　　记账　　　　复核　　　　制表

编号：	附件共	张
记账凭证 收款	第　　号至　　号共	张
记账凭证 付款	第　　号至　　号共	张
记账凭证 转账	第　　号至　　号共	张

科　目　汇　总　表

年　　月　　日至　　月　　日

会计科目	本期发生额汇总																				会计科目	本期发生额汇总																			
	借方										贷方											借方										贷方									
	千	百	十	万	千	百	十	元	角	分	千	百	十	万	千	百	十	元	角	分		千	百	十	万	千	百	十	元	角	分	千	百	十	万	千	百	十	元	角	分

财会主管　　　　记账　　　　复核　　　　制表

编号：	附件共 张
记账凭证 收款	第 号至 号共 张
记账凭证 付款	第 号至 号共 张
记账凭证 转账	第 号至 号共 张

科 目 汇 总 表

年 月 日至 月 日

会计科目	本期发生额汇总																				会计科目	本期发生额汇总																			
	借方										贷方											借方										贷方									
	千	百	十	万	千	百	十	元	角	分	千	百	十	万	千	百	十	元	角	分		千	百	十	万	千	百	十	元	角	分	千	百	十	万	千	百	十	元	角	分

财会主管　　记账　　复核　　制表

财务指标分析

单位：

<table>
<tr><th colspan="2">指标分类</th><th>指标名称</th><th>指标计算</th><th>指标分析</th></tr>
<tr><td rowspan="7">偿债能力分析</td><td rowspan="3">短期偿债能力</td><td>流动比率</td><td></td><td rowspan="3"></td></tr>
<tr><td>速动比率</td><td></td></tr>
<tr><td>现金比率</td><td></td></tr>
<tr><td rowspan="4">长期偿债能力</td><td>资产负债率</td><td></td><td rowspan="4"></td></tr>
<tr><td>股东权益比率</td><td></td></tr>
<tr><td>权益乘数</td><td></td></tr>
<tr><td>产权比率</td><td></td></tr>
</table>

<table>
<tr><th colspan="2">指标分类</th><th>指标名称</th><th>指标计算</th><th>指标分析</th></tr>
<tr><td rowspan="5">营运能力分析</td><td rowspan="3">流动资产周转情况</td><td>应收账款周转率</td><td></td><td rowspan="5"></td></tr>
<tr><td>存货周转率</td><td></td></tr>
<tr><td>流动资产周转率</td><td></td></tr>
<tr><td rowspan="2">固定资产与总资产周转情况</td><td>固定资产周转率</td><td></td></tr>
<tr><td>总资产周转率</td><td></td></tr>
</table>

分类	指标名称	指标计算	指标分析
盈利能力分析	营业利润率		
	成本费用利润率		
	总资产报酬率		
	股东权益报酬率		
	每股收益		
	每股股利		
	每股净资产		

分类	指标名称	指标计算	指标分析
发展能力分析	营业增长率		
	利润增长率		
	总资产增长率		
	资本积累率		

会计综合模拟实验报告

院系______________

专业______________

班级______________

姓名______________

指导教师__________

学年学期__________

20____年____月____日

实验项目		实验日期	年　　月

一、实验目的

二、实验用材料

三、实验内容

四、实验总结

五、成绩与评语

指导教师签字：